Juwelen des Ostens

365 Tage Meditation und Tagebuch

ausgewählt von H. P. BLAVATSKY

F. Hirthammer Verlag

Titel der englischen Ausgabe: GEMS FROM THE EAST

Übersetzung: BEATRICE FLEMMING

ISBN 3-88721-019-0

Frankfurter Ring 247, D-8000 München 40

Der Tau liegt auf dem Lotos! Steig' empor,
o große Sonne, richte auf das Blatt,
drin ich der Tropfen bin, und mische mich
dem Wogenschwall! Om mani padme hum!
Der Tropfen Tau rinnt in ein Meer von Licht!

Die Leuchte Asiens (Edwin Arnold)

VORWORT

Wir leben in einer Zeit, in der westliche Denker sich eifrig mit dem Studium der orientalischen Literatur befassen. Sie werden von deren herrlichem Ausdrucksreichtum und ihrer bildlichen Vorstellungswelt angezogen – aber auch nicht weniger von der immens weiten und tiefen Lebensphilosophie und der darin enthaltenen liebend-selbstlosen Lehre. Deshalb scheint es angebracht, der Öffentlichkeit ein so nützliches und fesselndes Bändchen wie dieses darzureichen.
Die von „H. P. B." zusammengestellten Ratschläge und Aphorismen stammen meist aus orientalischen Schriften, deren Inhalte jetzt im Westen so viel Beachtung finden und für deren Verbreitung besonders die Theosophische Gesellschaft verantwortlich ist.
Wir haben uns bemüht, so weit wie möglich das Bändchen attraktiv, handlich und nutzbringend für alle Leser zu gestalten. Dabei mußten wir einen Kompromiß schließen: Papier, auf dem Bilder hervorragend wiedergegeben werden können, läßt sich nicht gut beschreiben (der Kugelschreiber setzt aus). Deshalb bitten wir Sie, über die kleine Qualitätsminderung der Bilder zugunsten besseren Schreibens hinwegzusehen.
Das kleine Werk enthält eine Lebensweisheit oder einen kostbaren Grundsatz für jeden Tag des Jahres – und Zeilen theosophischer Natur, die aus unwandelbaren orientalischen Quellen ausgewählt wurden.

DER HERAUSGEBER

Vishnu und Lakshmi auf der Schlange

Hinweise zu den Bildtafeln
(soweit nicht unter dem jeweiligen Bild angegeben):

S. 1: BUDDHA in Meditationshaltung, auf einem aus spitzen Lotusblütenblättern geformten Sockel (6. Jh.)

S. 64 (vor Mai): Tanzender KRISHNA (17. Jh.)

S. 192 (letzte Seite): BODHISATVA MAITREYA, der Gütige, der zukünftige Buddha, auf einem Doppellotusthron (8. Jh.)

(alle 3 Bildtafeln Skulpturen aus dem Staatlichen Museum für Völkerkunde, München).

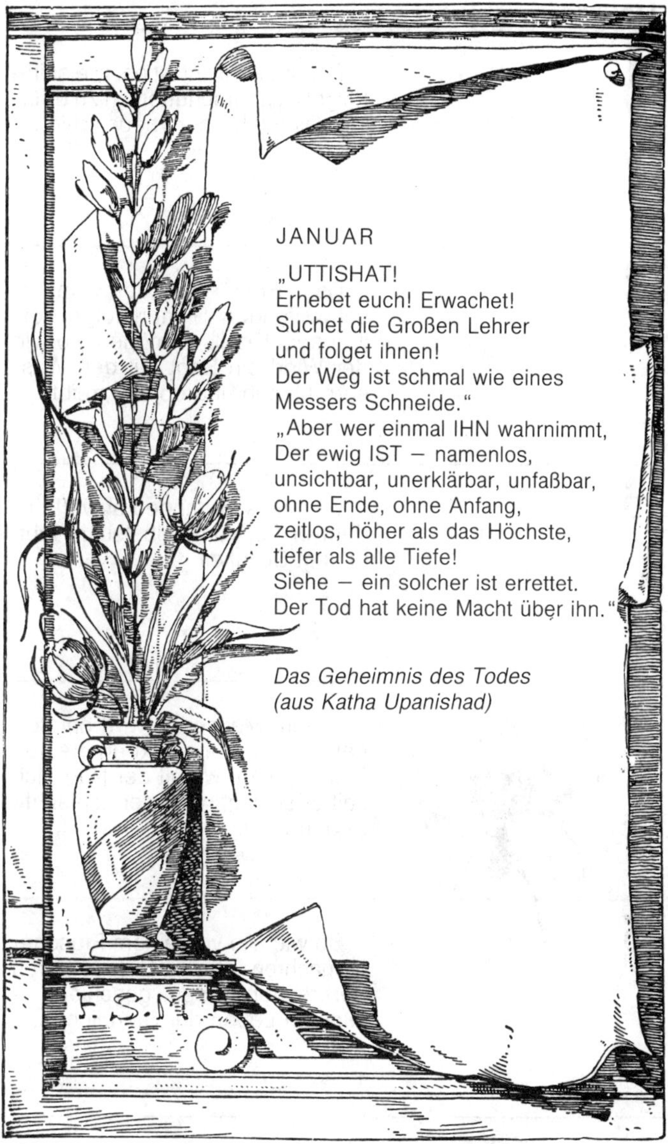

JANUAR

„UTTISHAT!
Erhebet euch! Erwachet!
Suchet die Großen Lehrer
und folget ihnen!
Der Weg ist schmal wie eines
Messers Schneide."
„Aber wer einmal IHN wahrnimmt,
Der ewig IST – namenlos,
unsichtbar, unerklärbar, unfaßbar,
ohne Ende, ohne Anfang,
zeitlos, höher als das Höchste,
tiefer als alle Tiefe!
Siehe – ein solcher ist errettet.
Der Tod hat keine Macht über ihn."

Das Geheimnis des Todes
(aus Katha Upanishad)

1

Die erste Pflicht ist es, alle seine Pflichten unerschütterlich zu erfüllen. Dies lehrt die Theosophie.

2

Das Herz, das den umherschweifenden Sinnen folgt, verliert sein Urteilsvermögen, so wie der Wind ein Boot auf den Wassern hierhin und dorthin treibt.

3

Wer alles Verlangen abwirft, indem er frei von Selbstsucht lebt, erlangt Seligkeit.

4

Jedem Menschen wird bei seiner Geburt eine Axt in seinen Mund gelegt, womit der Narr sich selber schlägt, wenn er schlechte Reden führt.

5

So wie alle von einem Pfuscher gemachten irdenen Gefäße durch Zerbrechen enden, geschieht es auch im Leben der Sterblichen.

6

Weise Menschen sind Lichtbringer.

7

Ein gerechtes und religiöses Leben ist das kostbarste Juwel.

8

Nachdem man die falsche Süßigkeit von Illusion und regloser Trägheit gekostet hat, wird man frei von Furcht und Sünde und nimmt den Wohlgeschmack des tätigen Gesetzes auf.

9

Falsche Freundschaft gleicht einer parasitischen Pflanze: Sie tötet den Baum, den sie umarmt.

10

Schneide die Liebe zum Ich aus dir heraus, so wie du es mit den wuchernden Zweigen einer herbstlichen Lotos tust. Hege sorgsam den Weg des Friedens.

11

Menschen, die in ihrer Jugend keine Ordnung und Disziplin befolgt und keinen Wissensschatz gewonnen haben, kommen um wie alte Reiher in einem Teich ohne Fische.

12

Ein Weiser sollte in seinem Dorf wie die Biene leben, welche Nektar sammelt und davonfliegt, ohne die Blume, ihre Farbe und ihren Duft zu beschädigen.

13

Wie der Regen nicht durch ein wohlgedecktes Haus bricht, wird ein weise erwägender Geist nicht von Leidenschaft überwältigt.

14

Wer zu viele Freunde besitzt, hat ebensoviele Anwärter auf Feinde.

15

Nur jener Mensch ist weise, der die Bemeisterung seiner selbst aufrechterhält.

16

Such' feste Zuflucht in deiner Seele! Sieh' dort deinen Himmel! Lehne die ab, welche die Tugend um ihrer Belohnung willen befolgen!

17

All unsere Würde geht aus dem Denken hervor. Deshalb laßt uns danach trachten, gut und edel zu denken; denn dies ist der Ursprung aller Ethik.

18

Schmeichelei ist eine falsche Münze, die nur aufgrund unserer Eitelkeit zirkuliert.

19

Ein eng-begrenzter Verstand erzeugt Halsstarrigkeit. Wir wollen dann nicht etwas glauben, was jenseits des irdisch-Sichtbaren liegt.

20

Die Seele reift in Tränen.

21

Dies ist die Wahrheit, die der Dichter besingt – daß die kostbarste Stufe einer Bekümmernis in dem Wissen um die wesentlich glücklicheren, ewigen Dinge besteht.

22

Moschus ist Moschus wegen seines eigenen Duftes, und nicht, weil der Händler ihn ein Parfum nennt.

23

Nicht jeder, der gern über etwas redet, ist ebenso eifrig, die Sache selbst durchzuführen.

24

Nicht jedes anmutige Menschengesicht ist mit einem ebenso reizvollen Gemüt verbunden.

25

Wenn jeder Bergkristall ein unschätzbarer Rubin würde, dann wären Bergkristall und Rubin gleich an Wert.

26

Jeder Mann hält seine eigene Weisheit für fehlerlos, und jede Mutter ihr Kind für wunderschön.

27

Wenn die Weisheit plötzlich aus dem Universum schwinden könnte, würde niemand mehr sich für einen Narren halten.

28

Ein enger Magen kann bis zu seiner Befriedigung gefüllt werden, aber ein beschränktes Bewußtsein wird nie befriedigt, nicht einmal mit allen Reichtümern der Welt.

29

Wer die Pflicht gegenüber seinem Gewissen ignoriert, wird auch die Schuld an seinem Nächsten vernachlässigen.

30

Heller zu Heller addiert, ergibt einen großen Haufen. Der Haufen in der Scheune besteht aus kleinen Körnern.

31

Wer nicht dein Brot während deiner Lebenszeit kostet, wird deinen Namen nicht erwähnen, wenn du tot bist.

FEBRUAR

Siehe – wir wissen nichts
von allem.
Ich kann nur darauf vertrauen,
daß das GUTE
sich schließlich einmal
– fernliegend –
auf alle herabsenken wird
und daß jeder Winter
sich zum Frühling wandelt.

So gleitet mein Traum –
aber was bin ich?
Ein in der Nacht weinendes Kind,
ein nach dem Licht rufendes Kind
und mit keiner Sprache
als einem Schrei.

Tennyson

1

Zwei Dinge sind in dieser Welt der Maya unmöglich: mehr Freude zu erleben, als Karma es zugemessen hat; und zu sterben, ehe jemandes Stunde geschlagen hat.

2

Ein Studierender ohne starke Neigung für seine Arbeit gleicht einem Verwirrten am Steuer seines Rades: Er macht keinen Fortschritt.

3

Ein Reisender ohne klares Ziel ist wie ein Vogel ohne Flügel.

4

Ein Gelehrter ohne Schüler ist wie ein Baum, der keine Früchte trägt; ein religiöser Mensch ohne gute Werke ist eine Wohnung ohne Tür.

5

Wenn das Schicksal uns plötzlich überfällt, wird das Auge der Weisheit blind.

6

Halte deine Augen offen – oder ein Verhängnis wird sie für dich öffnen.

7

Wer die Hand küßt, die er abhauen möchte, wird in der nächsten Inkarnation durch die jetzt geküßte Hand seinen Kopf verlieren.

8

Wer fest zu seinem Werk hält, wer seine Gefährten liebt, wer treu seine Pflicht erfüllt, wird niemals arm sein.

9

Deine Schulden werden nicht durch tausend bedauernde Reden bezahlt.

10

Schneide jeden Gedanken an Vergangenes und Zukünftiges ab; dann wird Leid für dich nicht mehr vorhanden sein.

11

Die eigene Unwissenheit empfinden, heißt weise sein. Sich seiner eigenen Weisheit gewiß sein, bedeutet, ein Narr zu sein.

12

Ein Beweis ist besser als zehn Argumente.

13

Ein Regen am Morgen bringt die Sonne am Nachmittag. Wer heute weint, kann morgen lachen.

14

Wer Böses wahrsagt, kennt niemals sein eigenes Verderben.

15

So wie Öl schwebt die Wahrheit oft auf der Oberfläche der Lüge. Und gleich klarem Wasser liegt scheinbarem Irrtum oft eine Wahrheit zugrunde.

16

Oft ist geschenkter Essig für einen armen Mann süßer als gekaufter Honig.

17

Jeder Baum hat seinen Schatten und jede Betrübnis ihre Freude.

18

Die Felder werden durch Unkräuter geschädigt – so wie die Menschheit durch Leidenschaft. Gesegnet sind die Geduldigen und Leidenschaftslosen.

19

Der tugendhafte Mensch, der in diesem Leben glücklich ist, wird in seinem nächsten gewiß noch glücklicher sein.

20

Was getan werden sollte, wird unterlassen; und so geschieht, was nicht getan werden sollte. Immer stärker vermehren sich die Sünden der Gesetzlosen.

21

Ihr sollt nicht töten, auf daß ihr die Bahn nicht dem Geringsten hindert himmelan

22

Möge jeder Mensch zuerst selber das werden, was er andere belehrt zu sein.

23

Nur wer sich selbst in der Gewalt hat, kann hoffen, andere zu lenken. Das eigene Ich ist am schwierigsten zu bemeistern.

24

Haß wird niemals durch Haß ausgelöscht. Jeder Haß hört durch Liebe auf. Dies ist eine uralte Regel.

25

Der Pfad der Tugend liegt in der völligen Ablehnung der sieben großen Sünden.

26

Der beste Besitz des irdischen Menschen ist Gesundheit. Die höchste Tugend des vergeistigten Menschen ist Wahrheitsliebe.

27

Der Mensch wandert dahin – und Karma folgt ihm wie sein Schatten.

28

Die tägliche praktische Weisheit besteht aus vier Dingen: Man muß die Wurzel der Wahrheit, die Zweige der Wahrheit, die Grenze der Wahrheit und den Gegensatz der Wahrheit kennen.

„Ich errichte dieses ganze Universum mit einem einzigen Teil von mir, ohne meine selbständige Existenz dadurch aufzugeben."

(Bhagavad Gita, 10. Kap.)

MÄRZ

Dies ist des KARMA Lehre.
Lerne sie!
Nur wenn vertilgt
der Sünde Schmutz und Not,
nur wenn das Sein
wie reine Flamm' erlischt,
stirbt auch zugleich der Tod.

Sprecht nicht „ich bin",
„ich war", „ich werde sein!"
Denkt nicht,
ihr wechseltet das Leibes Haus
wie Wandrer
– wohl beherbergt oder schlimm
vergessend – zieh'n hinaus.

Zu neuem Kreislauf
geht ins ALL die Summ'
des letzten Lebens,
formt die Wohnung dann
sich gleich dem Seidenwurm,
drin er haust,
nimmt Stoff und Leben an.

Die Leuchte Asiens
(Edwin Arnold)

1

Vier Dinge vermehre durch guten Gebrauch: Gesundheit, Wohlstand, Beharrlichkeit und Glaubwürdigkeit.

2

Um den Tag des Überflusses zu genießen, mußt du am Tag des Mangels geduldig sein.

3

Verweise die Habsucht aus deinem Herzen, und du wirst peinigende Fesseln lösen.

4

Jeder Mensch sollte Zorn durch Liebe, Böses durch Gutes, Habgier durch Freigebigkeit und Lüge durch Wahrheit überwinden.

5

Sprich nicht barsch und hart zu jemandem. Denn die so Angesprochenen werden dir in der gleichen Weise antworten.

6

Dieses Leben liegt in einer Welt von Arbeit und vergeltender Gerechtigkeit; das ihm folgende ist die Welt der großen Belohnungen.

7

Nachsicht ist besser als Streit, Aufschub besser als Hast, Abwehr von Hader besser, als ihn zu suchen.

8

Schlage den ganzen Wald der Gelüste nieder! Erst wenn du jeden Baum und jeden Strauch niedergeschlagen hast, wirst du frei sein.

9

Die Habsüchtigen gehen nicht in die Welt der Devas ein – denn solche Narren verdienen keine Mildtätigkeit.

10

Einen echten Lenker nennt man den, der aufsteigenden Zorn zuruckhält wie einen Rennwagen; die anderen sind nur Zügelhalter.

11

Ein erzürnter Tor, der meint, durch beleidigende Reden zu triumphieren, wird immer durch den geduldig Sprechenden überwunden.

12

Das beste Heilmittel ist der Tod. Die ärgste Krankheit ist falsche Vorwegnahme.

13

Ein unbeschwertes Temperament ist ein guter Ratgeber; und eine gütige Zunge ein hervorragender Führer.

14

Ein gutes Wort zur rechten Zeit ist besser als eine süße Torte nach Mahlzeiten.

15

Törichter Stolz ist ein unheilbares Übel, ein schlechtes Weib eine chronische Krankheit und eine grimmige Veranlagung eine lebenslange Bürde.

16

Die Wahrheit ist leuchtender als die Sonne. Die Wahrheit ist der sonnenerfüllte Tag der Vernunft, und die Falschheit die dunkle Nacht des Verstandes.

17

Alles hat ein Ende und wird dahingehen. Die Wahrheit allein ist unsterblich und lebt für immer.

18

Das Licht aller Lebewesen ist die Sonne, das Licht der Seele – die ewigdauernde Wahrheit.

19

Der Weg zur Sünde ist eine breite Straße. Aus ihr heraus führt ein holpriger, steiler Weg.

20

Den Fehler anderer sieht man leicht, aber der eigene ist schwierig wahrzunehmen.

21

Gute Menschen leuchten von fern wie die schneeweißen Berge. Schlechte Menschen bleiben unbemerkt wie in der Nacht abgeschossene Pfeile.

22

Wo zwei Frauen sich treffen, entsteht ein Markt. Wo drei sich versammeln, wird ein Basar eröffnet; und wo sieben reden beginnt eine Messe.

23

Ein umfangreiches Wissen und eine durch Ordnung gekennzeichnete, wohltönende Sprache sind ein großer Segen.

24

Das Höhere Selbst ist nur durch Denken erkennbar. Wenn dieses geläutert ist, leuchtet das SELBST hervor.

25

Führe mich aus dem Unwirklichen zum Wirklichen! Führe mich aus Dunkelheit zum Licht! Führe mich vom Tod zur Unsterblichkeit!

März

26

Der Weise, der BRAHMAN kennt, schreitet auf dem alten, schmalen Pfad, der sich in weite Fernen erstreckt. Er rastet am Himmlischen Ort und bewegt sich dann weiter – höher hinauf.

27

Weder durch die Augen, noch durch den Verstand, noch durch Askese können wir BRAHMA sehen. Nur der Reine kann durch das Licht von Weisheit und Meditation die GOTTHEIT schauen.

28

Durch Vervollkommnung in Studium und Meditation wird das HÖCHSTE WESEN offenbar. Studium ist ein Auge, es zu schauen, Meditation das andere.

29

Ach! Wir ernten, was wir säen. Die Hände, die uns schlagen, sind unsere eigenen.

30

Allein die Gedanken verursachen den Reigen der Wiedergeburten in dieser Welt. Jeder Mensch sollte also danach ringen, seine Gedanken zu reinigen. Was ein Mensch denkt, das ist er. Dies ist das uralte Geheimnis.

31

„Meine Söhne sind mein, dieser Reichtum ist mein.“ Solche Gedanken hegt ein Narr. Auch er selbst gehört sich nicht, viel weniger noch Söhne und Reichtum.

APRIL

Die unberührte Seele,
mächtiger als all die Welten
(weil die Welten
durch sie existieren);
kleiner als die Feinheiten
der winzigsten Dinge;
doch das letzte und gewaltigste
alles Unfaßbaren
sitzt im verborgenen Herzen
alles dessen, was lebt!
Wer Begehren und Furcht ablegte,
wer seine Sinne bemeistert hat
und seinen Geist in Frieden hält,
schaut in dem stillen Licht
der ewigen Wirklichkeit
zeitlos, sicher, majestätisch –
SEINE SEELE!

Das Geheimnis des Todes
(aus Katha Upanishad)

1

Wer den Umgang mit Unwissenden läßt, bahnt sich den Weg zu den Weisen.

2

Das ewige Selbst ist in allen Wesen verborgen und leuchtet nicht sichtbar hervor; aber von großen Sehern wird es wahrgenommen.

3

Geduld führt zu Stärke und Einfluß, ungestümer Eifer endet in Verlust.

4

Drei Dinge machen einen armen Menschen reich: Höflichkeit, Zuvorkommenheit für andere und das Vermeiden von Argwohn.

5

Wenn Zuversicht verlorenging, erscheinen Mißgeschicke. Wenn Vertrauen starb, wird Rachedurst geboren. Und wenn Verrat auftritt, fliegen Glück und Segen davon.

6

Die Welt und alle Dinge bestehen durch Ursachen. Die Wesen sind durch Ursachen verbunden – so wie die Karre durch die Schraube einer Achse.

7

Die lebendige Seele ist weder eine Frau, noch ein Mann, noch ein Neutrum. Sie verbindet sich nur mit einem jeweiligen Körper.

8

Wer nach dem Erreichen der Buddhaschaft verlangt und tief nach dem Wissen des im höchsten Selbst Untergetauchten trachtet, muß die hochachten, welche diese Lehre zu verwirklichen streben.

9

So wie die Spinne, die sich an ihrem selbstgesponnenen Faden aufwärts bewegt, freien Raum gewinnt, erlangt geistige Unabhängigkeit, wer mittels des recht verstandenen Wortes OM nach oben strebt.

10

Das Rad des Opfers hat Liebe als Nabe, Aktivität als Reifen und Bruderschaft als Speichen.

11

Der Mensch besteht aus Wünschen. Und wie der Wille seinem Wunsch folgt und die Tat seinem Willen, wird er stets die Ernte aller seiner Taten erhalten.

12

Ein Stein wird zu einer Pflanze, eine Pflanze zu einem Tier, das Tier zu einem Menschen, ein Mensch zu einem unsterblichen Geist, und der Geist – GOTT.

13

Es existiert kein Ort auf Erden oder im Himmel oder im Meer und auch nicht in den Gebirgsspalten, wo eine böse Tat dem Missetäter kein Leiden brächte.

14

Wer jemals – ohne eine geheiligte Person zu sein – vortäuscht, ein Heiliger zu sein, ist wahrhaft der Niedrigste aller Menschen, ein Dieb in allen Welten, einschließlich der von BRAHMA.

15

Wenn ein mit mir (Buddha) übereinstimmender Mensch nicht sein Leben nach meinen Geboten einrichtet – welchen Gewinn würden ihm zehntausend Anweisungen bringen?

16

Wer schlägt, wird geschlagen werden, wer Bosheit zeigt, wird Gehässigkeit ernten, und dem Erzürnten wird Zorn begegnen.

17

„Er beleidigte mich, er verleumdete mich, er beschwindelte mich, er unterdrückte mich.“ Wer solches in seinem Sinn behält und Groll darüber empfindet, wird keinen Frieden finden.

18

Gleich einer schönen Blume, die farbenreich, aber ohne Duft ist, sind die geschliffenen, aber fruchtlosen Worte dessen, der nicht entsprechend handelt.

19

Wenn dein Geist über die vergiftende Irreführung der Welt hinausgewachsen ist, wirst du gleichgültig werden gegen alles, was du hörtest oder hören wirst.

20

Die Weisen hüten die Schönheit der Natur in ihrer Ur-Ordnung. Sie entdecken im Geheimen vollendete Schöpfungen.

21

Wenn du alles verlörest und erhieltest Weisheit dafür, wäre der Verlust dein Gewinn.

22

Mache dein Gemüt von Bösem leer, aber fülle es mit Gutem!

23

Große Werke benötigen keine große Stärke, wohl aber ausdauernde Beharrlichkeit.

24

Schlaf ist nur Geburt in das Land der Erinnerung, und Geburt nur ein Schlaf im Vergessen der Vergangenheit.

25

Vergeben ohne Vergessen heißt, dem Missetäter bei jeder ähnlichen Gelegenheit aufs neue Vorwürfe zu machen.

26

Jeder Mensch enthält in sich den Keim der Unsterblichkeit, welcher durch die Macht der freien Wahl bis zur Vollendung ausbalanciert wird.

27

Wer sich nur in einer Farbe des Regenbogens beheimatet fühlt, wird blind für die anderen. Lebe in dem Licht, das sich über den gesamten Bogen verbreitet, und du wirst das Ganze kennen.

28

Jedesmal, wenn der Gläubige das Wort OM rezitiert, erneuert er die göttlichen Fähigkeiten, die in der Seele gehütet werden.

29

Die Leute reden vom Teufel. Doch jeder Mensch hat ihn schon gesehen: Er wohnt in jedem sündigen Herzen.

30

Das Höhere Selbst kennt jene höchste Heimat von BRAHMAN, die alles enthält und alles erleuchtet. Die Weisen, welche ohne Glück zu verlangen jenes SELBST anbeten, werden nicht mehr wiedergeboren.

MAI

Ich bin der Zweifel überdrüssig
und muß sie beenden.
Tod und Leben,
Verderben und Errettung,
stehen beide vor mir.

Doch dieser Augenblick
bringt mir die Gewißheit,
denn er zeigt mir an,
daß ich niemals sterben werde.
Die Seele lächelt
in ihrer ewig-gesicherten Existenz
über den gezückten Dolch
und offenbart
den entscheidenden Punkt
Die Sterne werden vergehen,
und selbst die Sonne wird trübe,
während die ganze Natur
in Zeitenfernen dahinschwindet.

Aber du sollst
in unsterblicher Jugend blühen –
unverletzt inmitten des Krieges
der Elemente,
der stofflichen Wracks,
und der Vernichtung aller Welten.

Addison

1

Der ewige Geist ist überall. Er steht da und umfaßt die gesamte Welt.

2

Wer Hungrige speist, ehe er seinen eigenen Hunger stillt, bereitet ewige Nahrung für sich vor. Wer jener Nahrung um eines schwächeren Bruders willen entsagt, ist – ein Göttlicher Mensch.

3

Der Altar, an dem das Opfer dargebracht wird, ist der Mensch. Das Öl ist die Rede, der Rauch der Atem, das Licht die Zunge, die Kohlen das Auge und die Funken das Ohr.

4

Ein Augenblick in der Ewigkeit ist ebenso wichtig wie ein anderer, denn die Ewigkeit wandelt sich nicht. Auch ist kein Teil von ihr besser als ein anderer.

5

Es würde besser sein, daß ein Mensch ein Stück glühenden Eisens äße, als daß er seine Schwüre bräche.

6

Sogar ein guter Mensch erlebt böse Tage, solange seine guten Taten noch nicht voll gereift sind. Aber wenn sie es sind, erlebt er viele glückliche Tage.

7

Das Böse wird von uns selbst getan und durch uns selbst leiden wir; das Böse bleibt durch uns selbst ungeschehen, und durch uns selbst werden wir geläutert.

8

Reinheit und Unreinheit gehören nur einem selbst. Niemand kann einen anderen reinigen.

9

Das Höhere Selbst ist der Herr seiner Person. Wer sonst könnte ihr Herr sein? In einem wohlgeschulten Selbst findet der Mensch einen Meister, wie ihn nur wenige finden können.

10

Wenn ein Mensch in einer Schlacht tausend Krieger besiegt und ein anderer besiegt sich selber, so ist er der größere der Beiden.

11

Wer ist ein großer Mensch? Der am stärksten in der Geduld verharrt; der geduldig kränkendes Unrecht erträgt und dabei ein untadeliges Leben aufrechterhält – ist wahrhaft ein MENSCH.

12

Wenn du üble Taten vollbrachtest oder vollbringen willst, könntest du fliehen, wohin auch immer, ohne dich je von den darauffolgenden Leiden befreien zu können.

13

Es gibt eine Straße, die zu Reichtum führt – aber es gibt einen anderen Weg, der zu Nirvana führt.

14

Die Folge einer Übeltat erscheint nicht plötzlich wie überkochende Milch, sondern gleicht einem in der Asche schwellenden Feuer, das schließlich den Narren verbrennt.

15

Eine böse Tat tötet meist nicht sofort, sondern sie folgt dem Missetäter in seine nächste und übernächste Wiedergeburt.

16

Der Verleumder gleicht jemandem, der bei Gegenwind Schmutz auf einen anderen schleudert: der Schmutz fliegt auf den zurück, der ihn warf.

17

Der tugendhafte Mensch kann nicht wirklich verwundet werden, denn das Unheil, das sein Feind ihm zufügen wollte, kommt auf ihn selbst zurück.

18

Die Natur wird durch Gegensätze aufrecht erhalten. Widerstände, Leidenschaften, Gefahren sind Erzieher. Wir erwerben die Stärke, die wir überwunden haben.

19

Wenn ein Mensch sich als sein Höheres Selbst begreift, wonach könnte er sich dann noch körperlich sehnen?

20

Das Wort, das alle Vedas verzeichnen, das alle Büßer ausrufen, das religiösen Schülern als Höchstes gilt, bezeichne ich euch kurz als OM.

21

So wie ein Mensch, der in einem Traum jemanden gesehen hat und ihn später wiedererkennt, so kann einer, der die vollkommene Konzentration erreicht hat, das SELBST wahrnehmen.

22

Es ist besser, seine eigene Pflicht, wenn auch unvollkommen, zu erfüllen, als die Pflicht eines anderen **gut** auszuführen.

23

Der Weise, welcher das SELBST als körperlos innerhalb der Körper, als unwandelbar unter wechselnden Dingen, als machtvoll und allgegenwärtig kennt, grämt und bekümmert sich nie.

24

Der Pfad der Tugend liegt in der Ablehnung von Anmaßung und Stolz.

25

Wer einem anderen Unrecht zufügt, wird es schmerzlich bedauern, obwohl die Menschen ihn loben mögen. Aber der ungerecht Behandelte ist vor Bedauern sicher, während die Welt ihn tadeln mag.

26

Es gehört mehr Mut dazu, der Welt mit Wahrheit entgegenzutreten als in die Höhle eines wilden Tieres zu gehen.

27

Wahre Milde besteht darin, einem Vergeltungsakt freundlich zuvorzukommen. Wahre Geduld besteht im mutigen Hinnehmen von Enttäuschungen.

28

Der glückliche Mensch muß sich auf schlechte Tage vorbereiten, und wenn sie kommen, sollte das Wissen ihn trösten, daß jeder gute und große Mensch zu Zeiten leiden mußte.

29

Reichtum in den Händen dessen, der nicht daran denkt, der Menschheit damit zu helfen, wird ganz gewiß eines Tages zu „dürren Blättern" werden.

30

So wie die Nacht dem Tag folgt, ist Mißgeschick der Schatten der Freude. Karma verteilt seine Schicksalsgaben mit beiden Händen.

31

Der Igel fängt keine Fliegen, aber auch er wird von ihnen gestört.

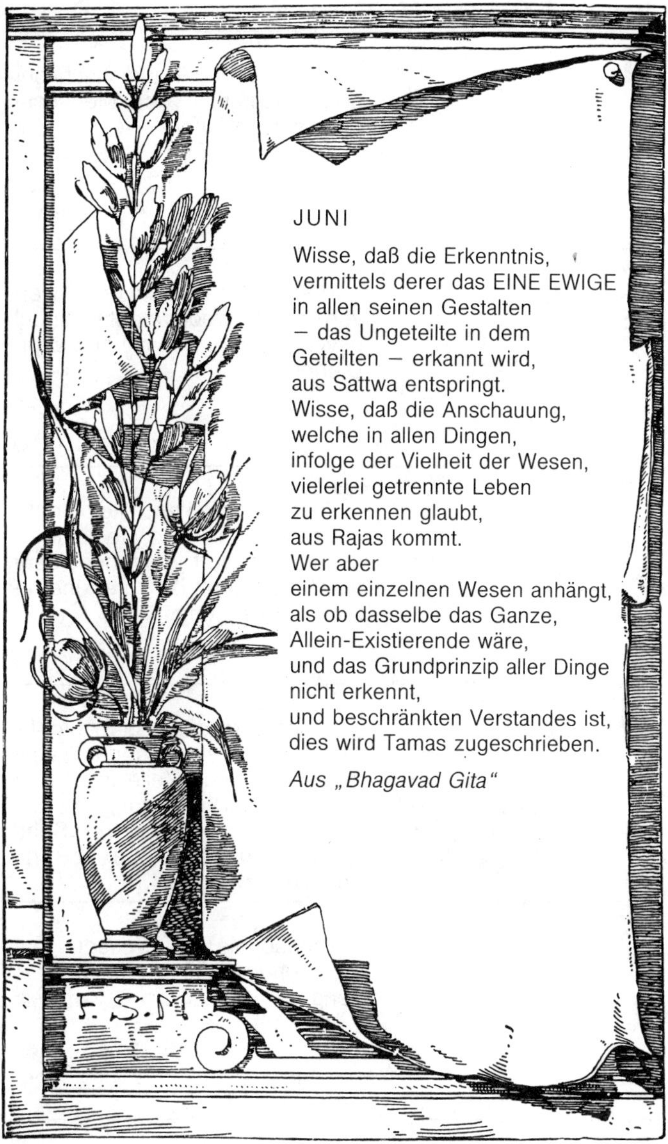

JUNI

Wisse, daß die Erkenntnis,
vermittels derer das EINE EWIGE
in allen seinen Gestalten
– das Ungeteilte in dem
Geteilten – erkannt wird,
aus Sattwa entspringt.
Wisse, daß die Anschauung,
welche in allen Dingen,
infolge der Vielheit der Wesen,
vielerlei getrennte Leben
zu erkennen glaubt,
aus Rajas kommt.
Wer aber
einem einzelnen Wesen anhängt,
als ob dasselbe das Ganze,
Allein-Existierende wäre,
und das Grundprinzip aller Dinge
nicht erkennt,
und beschränkten Verstandes ist,
dies wird Tamas zugeschrieben.

Aus „Bhagavad Gita“

1

Beurteile den Baum nach seinen Früchten – den Menschen nach seinen Taten.

2

Theosophie ist nicht der Erwerb von Kräften, weder mentalen noch psychischen – obwohl beide ihre Diener sind.

3

Theosophie ist auch kein Trachten nach Glück – so wie die Menschen das Wort verstehen; denn der erste Schritt ist Opfer und der zweite Entsagung.

4

Leben wird durch die Aufopferung des Einzelnen für das Ganze aufgebaut. Jede Zelle im Körper muß sich zur Vollendung des Gesamtorganismus opfern. Sonst werden Krankheit und Tod die Lektion erzwingen.

5

Theosophie ist die Wissenschaft des Lebens, die Kunst des Lebens.

6

Harmonie ist das Gesetz des Lebens, und Dissonanz ihr Schatten.
Daraus entspringt Leiden, der Lehrer und Erwecker des Bewußtseins.

7

Durch Freude und Kummer, Schmerz und Lust gelangt die Seele zu einem Wissen von sich selbst.

8

Die Augen der Weisheit gleichen den Meerestiefen, es ist weder Freude noch Betrübnis in ihnen. Deshalb muß die Seele des Schülers stärker als Lust und größer als Kummer werden.

9

Wir hassen nur die, die wir beneiden oder fürchten.

10

Selbsterkenntnis ist durch das, was die Menschen „Selbstanalyse“ nennen, unerreichbar. Sie wird nicht durch Schlußfolgerungen oder durch die Kräfte des Gehirns gewonnen.

11

Wahre Selbsterkenntnis bedeutet das Erwecken des Bewußtseins für die Göttliche Natur des Menschen.

12

Der Wille entspringt aus dem Göttlichen, dem Gott im Menschen. Wunsch, Begierde ist die Motivkraft des animalischen Lebens.

13

Der Wille ist ausschließlicher Besitz des Menschen. Er unterscheidet ihn vom Tier, in dem nur instinktives Verlangen tätig ist.

14

Die Kenntnis vom SELBST zu gewinnen ist eine mächtigere Vollendung als die Elemente zu beherrschen oder die Zukunft zu wissen.

15

Das große Schlußwort der Wahrheit ist dies:
In der letzten Analyse sind alle Dinge göttlich.

16

Furcht ist der Sklave des Schmerzes und Rebellion ihr Gefangener.

17

Standhaftigkeit ist der helfende Begleiter von Betrübnissen, und Geduld ihr Gebieter.

18

Der Gemahl von schwerer Mühe ist Entzücken, aber es gibt sehr wenige Seelen, in denen diese Ehe vollzogen wird.

19

Spiritualität ist nicht das, was wir unter den Worten „Tugend" und „Güte" verstehen, sie ist die Fähigkeit, formlose, rein-geistige Wesensgründe zu erfassen.

20

Die Entdeckung und der rechte Gebrauch von der wahren Essenz des SEINS – dies ist das ganze Geheimnis des Lebens.

21

Wenn das Verlangen auf das Rein-Ideale gerichtet ist – wenn es jede Spur oder Tönung vom „Ich“ verloren hat – dann ist es fleckenlos geworden.

22

Adepten sind so selten wie die Blüte des Udumbara-Baumes.

23

Allein das unwandelbare ewige Gesetz des LEBENS kann einen Menschen restlos beurteilen und verdammen.

24

Wille und Wunsch sind beide unbedingte Schöpfer.
Sie gestalten den Menschen und seine Umgebung.

25

Der Wille handelt intelligent; das Begehren blindlings und unbewußt.

26

Der Mensch gestaltet sich nach dem Bild seiner Wünsche, wenn er sich nicht durch seinen Willen – das Kind des Lichtes – zur Gottähnlichkeit wandelt.

27

Theosophie ist das Vehikel des GEISTES, der Leben gibt. Folglich kann nichts Dogmatisches theosophisch sein.

28

Manche pflücken die Früchte des Baumes der Weisheit, um sich damit zu krönen, anstatt sie zu essen.

29

Es ist für die Wahrheit nicht notwendig, Box-Handschuhe anzuziehen.

30

Einen Tempel der Wahrheit kann man nicht durch das Behämmern toter Steine erbauen. Seine Fundamente müssen, wie Kristalle, aus der Lösung der Lebensprobleme hervorgehen.

Vishnu auf einem doppelblättrigen Lotus
(9. Jh.)

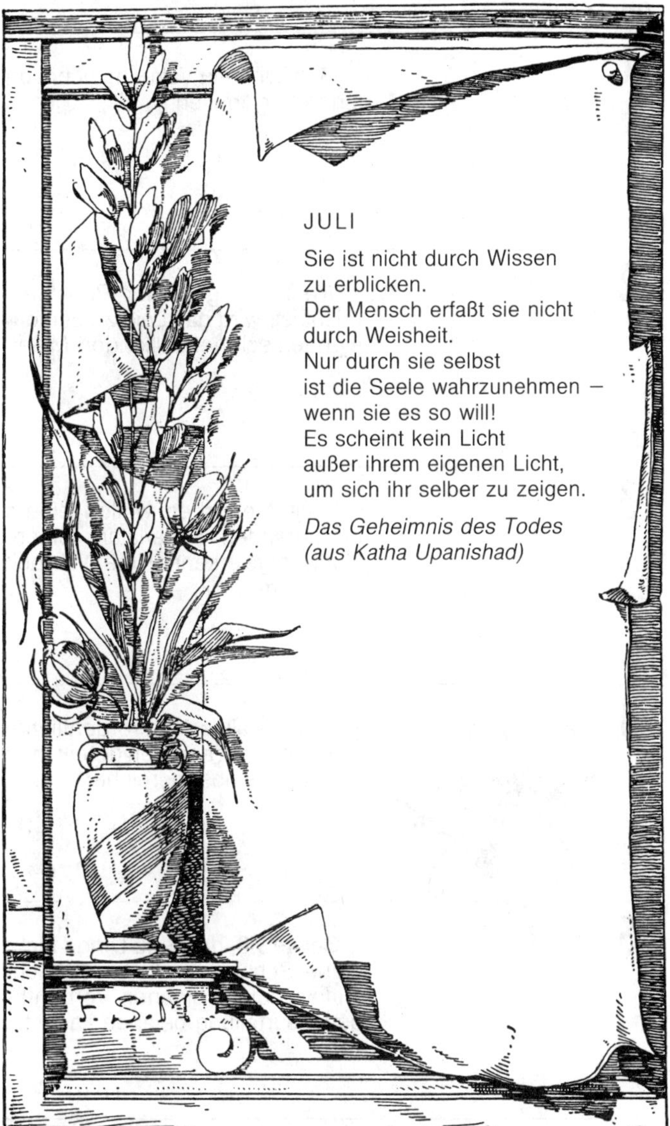

JULI

Sie ist nicht durch Wissen
zu erblicken.
Der Mensch erfaßt sie nicht
durch Weisheit.
Nur durch sie selbst
ist die Seele wahrzunehmen –
wenn sie es so will!
Es scheint kein Licht
außer ihrem eigenen Licht,
um sich ihr selber zu zeigen.

Das Geheimnis des Todes
(aus Katha Upanishad)

1

Man kann ein Vakuum nicht von innen her erfüllen.

2

Wenn ein gewisser Punkt erreicht ist, wird das Leid zu seinem eigenen schmerzstillenden Mittel.

3

Viele Menschen wollen einem irreführenden Scharlatan folgen. Nur wenige erkennen die Wahrheit mit einem Blick.

4

Schätze alles Außerordentliche, was, wenn mit anderen geteilt, den Wohltäter selbst bereichert.

5

Sei gewiß, daß jene Dinge nicht deine Schätze sind, die du nicht mittels deiner eigenen vernünftigen Beurteilung bejahen kannst.

6

So viele Leidenschaften in den Menschen, so viele grimmige und barbarische Despoten!

7

Keiner ist frei, der nicht die Herrschaft über sich selbst errungen hat.

8

Die Aufgabe eines Musikers ist es, jedes Instrument in Harmonie zu bringen, aber die eines sich gut erziehenden Menschen, sich jeder Schicksalsfügung harmonisch anzupassen.

9

Es ist ausgezeichnet, einen Menschen, der Unrecht tut, daran zu hindern; aber falls dies nicht möglich ist, sollte man nichts in Beziehung zu ihm unternehmen.

10

Man sollte sich der Sünden nicht aus Furcht enthalten, sondern um des höheren Werdens willen.

11

Heftiges Verlangen nach einer Sache macht die Seele blind für andere Dinge.

12

Viele Menschen, die nicht gelernt haben, rational zu argumentieren, leben ruhig und recht nach ihrem guten, gesunden Menschenverstand.

13

Ausgeglichenheit verschönt alles, doch Maßlosigkeit und Mangel bewirken das Gegenteil.

14

Es ist das Merkmal eines vergöttlichten Intellekts, immer eifrig über das Schöne nachzudenken.

15

So wie zwei Holzstücke im Meer aufeinandertreffen und sich nachher wieder trennen, so ist es auch bei der Begegnung sterblicher Menschen.

16

Jugend gleicht dem Wasserfall im Gebirge, Reichtum dem Staub an unseren Füßen.
Mannestum ist vergänglich wie ein Wassertropfen und das Leben wie Schaum.

17

Wer seine Aufgabe nicht mit stetigem Gemüt erfüllt, die Aufgabe, welche die Tore zur Gelegenheit öffnet, wird schließlich vom Feuer des Grams verzehrt.

18

Auch in einer Wald-Einsiedelei behauptet sich die Sünde über den Unheiligen. Wahre Askese ist die Beherrschung der Sinne im eigenen Haus.

19

Das Haus dessen, der stets recht und gütig handelt und frei von Unreinheit lebt, ist eine echte Eremitei.

20

Wie die Gewässer eines Flusses dahinströmen und nicht zurückkehren, schwinden die Tage und Nächte und nehmen die Leben der Menschen hinweg.

21

Jugend, Schönheit, das Leben, Reichtum, Herrschermacht, der Umgang mit geliebten Menschen – alles das ist vergänglich. Mögen die Weisen sich nicht dadurch täuschen lassen.

22

Liebe das Leben, denn es ist der große Lehrmeister; aber liebe auch den Tod, denn er ist das andere Selbst des Lebens, das allein dich nichts lehren könnte.

23

Der Schatten einer Wolke, das Wohlwollen der Menge, neues Korn, eine Blume – all das währt nur kurze Zeit. Ebenso steht es mit Jugend und Wohlstand.

24

Möge der Weise die Weisheit als nie welkend und unsterblich verehren. Möge er stets seine Dienste leisten, so als ob der Tod ihn schon am Schopf faßte.

25

Wenn Übles über dich geredet wird, das wahr ist, dann bessere dich, ist es aber eine Lüge, dann lach drüber.

26

Pagoden werden an ihren Schatten gemessen und große Menschen an ihren Neidern.

27

Der Weise sagt nicht alles, was er tut, aber er tut nichts, was nicht gesagt werden darf.

28

Der Mensch, der Freude am Laster und Mühsal an der Tugend findet, ist noch ein Neuling in beidem.

29

Der weise Mensch tut Gutes ebenso natürlich wie er atmet.

30

Der ist ein Mann, der nicht von dem abläßt, was er gesagt hat.

31

Das Herz des Narren liegt auf seiner Zunge, die Zunge des Weisen liegt in seinem Herzen.

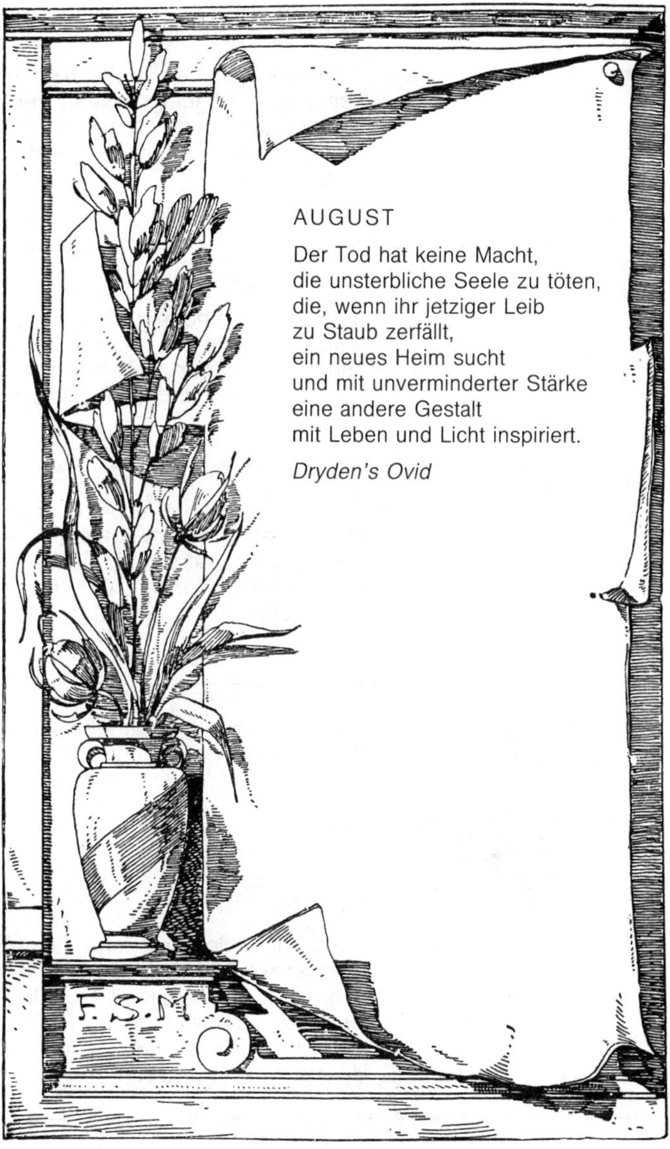

AUGUST

Der Tod hat keine Macht,
die unsterbliche Seele zu töten,
die, wenn ihr jetziger Leib
zu Staub zerfällt,
ein neues Heim sucht
und mit unverminderter Stärke
eine andere Gestalt
mit Leben und Licht inspiriert.

Dryden's Ovid

1

Der Mensch, der die Wahrheit in seiner Seele findet, sie aber verleugnet, um ihrem toten Buchstaben zu folgen, ist ein Sklave der Zeit.

2

Arbeite wie einer, der eine königliche Belohnung für eine gut geleistete Arbeit erwartet; doch finde deinen Lohn in der Fortsetzung der Arbeit und nicht in ihrem Abschluß.

3

Der Mensch, der nicht zögerte, sein Abbild im Raum aufzustellen und es den Schöpfer zu nennen, hatte keine Bedenken, GOTT mit seinen eigenen Lastern auszustatten.

4

Wer einmal hintergangen wurde, fürchtet dieses Übel und vermutet es sogar in der Wahrheit.

5

Krishna, der golden-haarige Gott, antwortete dem ihn schmähenden König von Chedi. Der Elefant trompetet dem Toben des Orkans eine Antwort, aber nicht dem Heulen des Schakals.

August

6

Nicht das zarte, biegsame Gras wird vom Sturm entwurzelt, sondern die hochragenden Bäume. Der Mächtige kämpft nur mit dem Mächtigen.

7

Der Sandelbaum hat Schlangen, der Lotosteich Alligatoren. Im Glück wühlt die Mißgunst. Es gibt keine ungemischten Freuden.

8

Kein Geschöpf, kein Wesen ist von Unheil frei. Die Wurzeln des Sandelbaumes werden von Schlangen zernagt, seine Blüten von Bienen angegriffen, seine Zweige von Affen gebrochen, sein Wipfel von Bären verzehrt. Kein Teil ist vor Plage sicher.

9

Sorge dich nicht um deinen Unterhalt, die Natur wird ihn besorgen. Wenn ein Geschöpf geboren wird, liefert die Mutterbrust Milch.

10

Wer gab dem Schwan sein reines Weiß, dem Papagei seine grüngoldenen Flügel, dem Pfau seine Regenbogenfarben? Wird DAS, was für sie vorsorgte, es nicht auch für dich tun?

11

Ein zufriedenes Gemüt erhält alle nötigen guten Gaben. Ist nicht die ganze Erde für den, der Schuhe trägt, mit Leder bedeckt?

12

Diese Welt ist ein Baum, der zwei honigsüße Früchte trägt: den Göttlichen Geist der Poesie und die Freundschaft der Edlen.

13

Durch das Fallen von Wassertropfen wird der Krug allmählich gefüllt. Auf diese Weise entsteht auch Weisheit, Tugend und Wohlstand.

14

Wer in der Erinnerung seiner Mitmenschen weiterleben möchte, mache jeden Tag fruchtbar durch Großmut, Studium und edle Künste.

15

Kein Eintauchen in klares, kühles Wasser erfreut den von Hitze Geplagten so sehr, keine Perlenkette das Mädchen, wie die Worte des Gütigen den Guten entzücken.

16

Schätze jeden Tag auf Erden, so als ob es der letzte wäre.

17

Boshafte Menschen gleichen einem irdenen Gefäß, das leicht zerbrochen aber schwer wieder ganz gemacht. Die Guten sind wie goldene Gefäße, die schwer zu zerbrechen sind und rasch heilgemacht werden können.

18

Sei kein Freund schlechter Menschen! Holzkohle verbrennt uns, wenn sie heiß ist; und wenn sie kalt ist, schwärzt sie die Finger.

19

Geh' dem aus dem Weg, der heimlich verleumdet und öffentlich lobt. Er gleicht einem Giftbecher, mit Sahne an der Oberfläche.

20

Ein Wagen kann nicht mit nur einem Rad fahren. So entstehen Fehlschläge und Mißerfolge, wenn die Taten der Menschen nicht zusammenwirken.

21

Die Edlen entzücken sich am Edlen, nicht aber am Niedrigen. Die Biene fliegt aus dem Wald zum Lotus. Der Frosch tut es nicht, obwohl er im gleichen Teich lebt.

22

Wie die auf dem Wasser vibrierenden Mondstrahlen verläuft wahrlich das Leben der Sterblichen. In diesem Wissen erfülle jeder seine Pflicht.

23

Bade im Strom des Lichtes die Seele, o Mensch, denn sie wird nicht mit irdischem Wasser reingewaschen.

24

Die reine Seele ist ein Strom, dessen heilige Quelle Selbstbeherrschung ist, dessen Wasser die Wahrheit ist, dessen Ufer Gerechtigkeit ist und dessen Wellen Barmherzigkeit sind.

25

Wenn ein Geschenk empfangen oder gegeben wird oder eine Tat geschehen soll – die Zeit wird immer das Kostbarste forttrinken, wenn nicht alles rasch getan . . . wird.

August

26

Wenn ein schwacher Mensch seines Wohlstandes beraubt wird, geht all sein Tun zugrunde, so wie ein Bächlein in heißen Zeiten austrocknet.

27

Wer einen fehlerlosen Freund verlangt, muß ohne Freund bleiben.

28

Iß und trink mit deinen Freunden, aber treibe keinen Handel mit ihnen.

29

Ohne Mühe erlangt man keinen Honig. Ohne Kummer und Sorge verbringt niemand sein Leben.

30

Mit Essig fängt man keine Fliege, wohl aber mit Honig.

31

Welcher gute Rat wäre einem Toren nützlich.

SEPTEMBER

Eine Jüngerin
spricht zum BUDDHA:

„Sei unbesorgt,
o heiliger Mann! Mir ist
das Leben heiter. Doch
vergeß' ich nicht
der anderen Leben –
leidenvoll und arm,
unselig und bedauernswert. Für sie
verleiht das Mitleid
uns die Götter. Doch
was mich betrifft, so such' ich
demutsvoll, zu tun das Gute, wie's
mein Geist erkennt,
gehorsam dem Gesetz zu sein.
Gewiß, was kommen muß und soll,
das kommt auch wohl."

Die Leuchte Asiens
(Edwin Arnold)

1

Dem, der sein Ich dem Höheren SELBST unterworfen hat, ist dieses Ich ein Freund. Aber dem, der seine Sinnesregungen nicht durch tiefes Denken beherrscht, ist jenes Ich ein Feind.

2

Das Auge ist ein Fenster, das in das Herz schaut. Der Verstand ist eine Tür, durch die das Herz entweicht.

3

Religiöse Hingabe und klare geistige Schau sind nicht dem eigen, der zuviel ißt – aber auch nicht dem, der garnichts ißt. Auch nicht der besitzt sie, der zuviel schläft oder der zu lange wach ist.

4

Am Ende eines studienerfüllten Lebens nähert sich der von spiritueller Weisheit erfüllte Mensch der GOTTHEIT; und am Ende vieler Leben wird der weise Mensch eins mit dem ALL.

5

Gram und Zorn, Habsucht und Gier, Verblendung und Trägheit, Rachsucht und Eitelkeit, Mißgunst und Haß, Kritiksucht und Verleumdung – dies sind die zwölf Sünden gegen das menschliche Glück.

6

Der Wolf wechselt seinen Pelz und die Schlange ihre Haut – aber nicht ihre Natur.

7

Das Kind des Raben erscheint seinem Vater wie eine Nachtigall.

8

Der Hund heult den Mond an, aber der Mond beachtet es nicht. Sei dem Mond gleich!

9

Laß deine Seele in Harmonie mit der Universalen Intelligenz schwingen, so wie dein Atem es mit der Luft tut.

10

Laßt keine Bitterkeit in das Herz einer Mutter Eingang finden.

11

Verdirb nicht das Herz eines reinen Menschen – denn er wird dann dein erster eigener Feind werden.

12

Mach keinen Gottlosen zu deinem Gefährten, und handle nicht nach dem Rat eines Toren.

13

Rette nicht dein Leben auf Kosten eines anderen Lebens; denn er wird dir in künftigen Geburten zwei von deinen Leben nehmen.

14

Verspotte keinen Verunstalteten, maße dir kein stolzes Benehmen gegen deine Untergebenen an, verletze nicht die Gefühle der Armen, sei gütig zu jenen, die schwächer sind als du – und sei wohltätig zu allen Wesen!

15

Opfere dein schwächeres Kind nicht dem stärkeren, sondern schütze und verteidige es.

16

Belustige dich nicht auf Kosten derer, die von dir abhängen! Trotze nicht einem verehrungswürdigen Menschen, denn er ist dein geistiger Vorgesetzter.

17

Der Tod ist ein dunkles Kamel, das vor jedermann's Tür kniet. Der Tod ist aber auch ein Freund und Befreier.

18

Ein kleiner Hügel auf einer niederen Ebene hält sich für einen mächtigen Berg.

19

Die Menschen sind Gnomen, welche im Reich der Dunkelheit (oder Unwissenheit) zu mühevollen Arbeiten verurteilt sind.

20

Wir sind wie wirklichen Einsiedler Höhlenmenschen, obwohl wir unsere Höhle Welt nennen.

21

Weil wir seit Zeitaltern im Nachtbereich leben, träumen wir, daß unsere Dunkelheit voller Tag sei.

22

Alles irdische Leben besteht nur aus einer fortwährenden Hoffnung und einem oft erneuerten, aber nie erfüllten Versprechen.

23

Der Mensch ist ein entthronter König und aus seinem Königreich vertrieben. Er liegt in Ketten in einem Burgverlies.

24

Auch das Herz eines Bettlers will nicht mit der Hälfte des Universums zufrieden sein. Er wurde ja nicht für einen Teil, sondern für das Ganze geboren.

25

Unser Leben ist das Vorzimmer des Palastes, wo unser wahrer Schatz liegt: die Unsterblichkeit.

26

Es ist nutzlos, das Ozean-Echo in seinen Besitz bringen zu wollen, indem man die Muschel umklammert, in der es verborgen liegt. Und es ist ebenso nutzlos, sich eine ätherische Essenz aneignen zu wollen, indem man die Form ergreift, in der sie für einen Augenblick leuchtete.

27

Wenn die schwerbeladenen Wolken zusammenprallen, ist der heitere Himmelsglanz ausgeschaltet.

28

Wenn die heilige Stille auf uns fällt, hören wir die Stimmen der Götter, welche im ruhigen Licht des Göttlichen Gesetzes den wahren Pfad uns bezeichnen.

29

Die ganze Luft ist vom Widerhall der ewigen Gegenwart des Göttlichen GEISTES und der spirituellen Gesetze erfüllt.

30

Es ist der GEIST, der unter den Myriaden von Lebensillusionen unentwegt sein Ziel verfolgt: schweigend, unwahrnehmbar, unwiderstehlich bewegt er sich zur Göttlichkeit hin.

(Brahma (der Schöpfer)

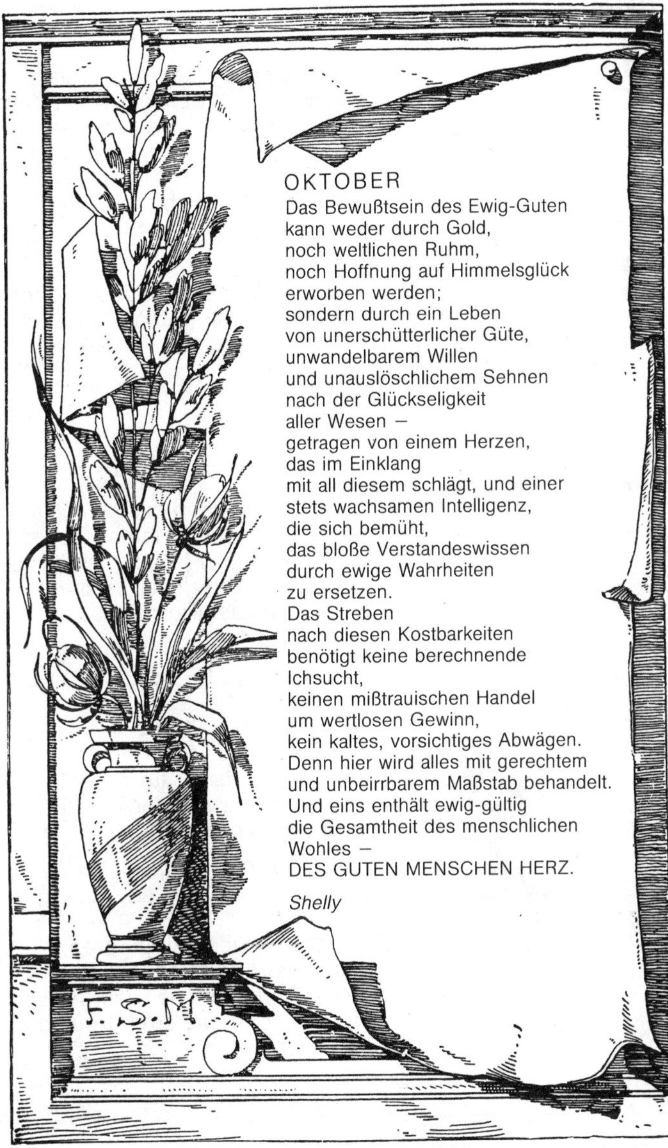

OKTOBER

Das Bewußtsein des Ewig-Guten
kann weder durch Gold,
noch weltlichen Ruhm,
noch Hoffnung auf Himmelsglück
erworben werden;
sondern durch ein Leben
von unerschütterlicher Güte,
unwandelbarem Willen
und unauslöschlichem Sehnen
nach der Glückseligkeit
aller Wesen –
getragen von einem Herzen,
das im Einklang
mit all diesem schlägt, und einer
stets wachsamen Intelligenz,
die sich bemüht,
das bloße Verstandeswissen
durch ewige Wahrheiten
zu ersetzen.
Das Streben
nach diesen Kostbarkeiten
benötigt keine berechnende
Ichsucht,
keinen mißtrauischen Handel
um wertlosen Gewinn,
kein kaltes, vorsichtiges Abwägen.
Denn hier wird alles mit gerechtem
und unbeirrbarem Maßstab behandelt.
Und eins enthält ewig-gültig
die Gesamtheit des menschlichen
Wohles –
DES GUTEN MENSCHEN HERZ.

Shelly

Oktober

1

Die Bezauberung durch ständig wechselnde Zeit-Ereignisse verbirgt den schwachen Menschenseelen die dunklen Abgründe um sie her: die unerbittlichen, mächtigen Gewalten, die ihre Leben steuern.

2

Es gibt keine Vernichtung ohne vorhergehende Sünde und kein Leiden ohne einen Verstoß.

3

Die Handlungen des Menschen teilen sich, je nach ihrem Gegenstand, in vier Klassen: sie sind entweder **zwecklos, unbedeutend, selbstgefällig** oder **gut.**

4

Die Sonne ruft Tag und Nacht Göttliches und Menschliches hervor. Die Nacht ist für den Schlaf der Wesen da und der Tag für die Erfüllung ihrer Pflichten.

5

Wenn wir überzeugt wären, niemals unsere krummen Wege gerade machen zu können, würden wir für immer in unseren Irrtümern verharren.

6

Wo keine Tugend und kein Unterscheidungsvermögen vorhanden ist, soll kein Wissen ausgesät werden, ebensowenig wie gute Saat in unfruchtbaren Boden.

7

Betrachte deine fünf Sinne als Steuereinnehmer des Königs; doch hüte dich davor, dich durch die von ihnen gesammelten Einkünfte beirren zu lassen und zu vergessen, daß sie ja nur der „Zehnte“ sind.

8

Mach' keinen Menschen traurig, auch wenn du selbst schwer geplagt bist, und erzähle anderen nichts über Missetaten.

9

Man ist nicht alt trotz grauer Haare – wogegen ein weiser Jüngling von den „Göttern“ als eine ältere Seele angesehen wird.

10

Ein Weiser Mensch sollte immer vor Ruhm und Auszeichnungen wie vor Gift zurückschrecken und eher nach Nichtbeachtung verlangen, so wie nach Ambrosia.

11

Man schläft, obwohl gering geschätzt, friedvoll ein, erwacht in Frieden und lebt friedvoll in dieser Welt; aber wer Verachtung zeigt, geht zugrunde.

12

Traue im Geschäftsleben niemandem, der bei Sonnen-Aufgang oder -Untergang vom Schlaf überfallen wird, denn dies ist ein Vergehen.

13

Wer es liebt, in den Gewässern der eigenen Unwissenheit zu schwimmen und sehr tief einzutauchen, braucht weder Körper noch Herz anzustrengen. Er braucht nur aufhören sich zu bewegen, um mit Gewißheit zu versinken.

14

So wie ein geduldig grabender Mensch Wasser findet, gelangt ein begeistert Studierender zu Kenntnissen.

15

Ein guter Mensch kann auch von einem Tieferstehenden reines Wisssen erhalten und höchste Tugend vom Geringsten.

16

Ambrosia kann sogar aus Gift herausgelöst werden – ebenso gewandte Sprache aus einem Toren, Freundlichkeit aus einem Gegner und Gold aus Schlacken.

17

Wer jemals dem Armen keine Nahrung, dem Nackten kein Gewand und dem Kummervollen keinen Trost anbietet, wird arm, nackt und leidend wiedergeboren.

18

So wie ein Sämann nicht erntet, wenn er den Samen in salzhaltigen Boden senkt, erhält der freundliche Spender keine Frucht von dem Unwürdigen.

19

Es gibt drei Dinge, deren man nie müde wird: Gesundheit, Leben und Wohlstand.

20

Ein von oben kommendes Mißgeschick kann nicht abgewendet werden. Vorsicht ist nutzlos gegen die Beschlüsse des Schicksals.

21

Die schlimmste Krankheit ist Neid. Die beste Medizin ist Gesundheit.

22

Drei Dinge können nicht mit drei Mitteln errungen werden: Reichtum durch Begehren, Jugend durch Kosmetika und Gesundheit durch Medizin.

23

Lappalien verderben die Ernsthaftigkeit, die Lüge ist der Feind der Wahrheit, und Unterdrückung verkehrt Gerechtigkeit.

24

Umsichtige Achtsamkeit kann nie mit Unehre beladen sein. Geistesschwäche kann nie Ehre mit sich bringen.

25

Wen Reichtümer nicht jauchzen lassen, wird Armut nicht herabsetzen und ein Schicksalsschlag nicht niederwerfen.

26

Nacht und Tag sind die Streit-Rosse des Menschen. Sie treiben ihn an – nicht er sie.

27

Wer nicht aufmerksam auf eine Klage achtet, bekundet seine niedere Gesinnung; und wer Vorzüge aus seiner Mildtätigkeit zieht, bringt sich in Unehre.

28

Es gibt vier Dinge, von denen manche einen weiten Weg vor sich haben: Kummer, Armut, Irrtum und Feindschaft.

29

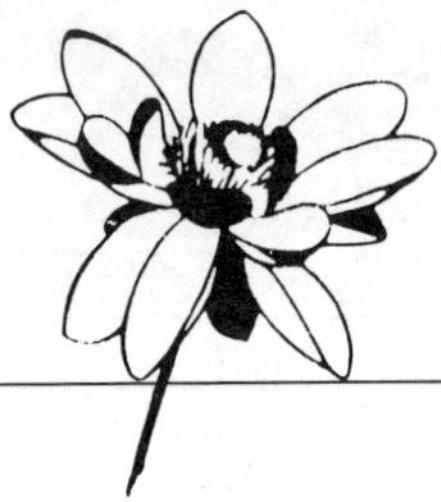

Wer nicht seinen eigenen Wert kennt, wird niemals den Wert anderer schätzen.

30

Wer sich jemals seines Vaters und seiner Mutter schämt, wird aus den Reihen der Weisen ausgeschlossen.

Oktober

31

Wer sich nicht in seiner eigenen Sicht als niedrig empfindet, wird niemals in der Sicht anderer als erhöht dastehen.

NOVEMBER

So groß und gewaltig wie das
schrankenlose Universum ist jener
verborgene GEIST!
Die Himmel und Erden
liegen in IHM.
ER umfaßt Feuer und Luft,
Sonne, Mond und Sterne,
Dunkelheit und Licht!

Was immer auch den Menschen
ausmacht, seine Gegenwart,
Vergangenheit und Zukunft
– alle Gedanken und Dinge
sind in Seiner schwebenden,
unendlichen Weite verborgen.

Das Geheimnis des Todes
(aus Katha Upanishad)

November

1

Im Glück denk an sein Ende. Im Unheil denk an sein Aufhören.

2

Wenn in einem Menschen nicht gerechtes Tun und Denken die Oberhand über das Unrecht hat, wird er rasch ins Verderben fallen.

3

Nichtig gewordene Hoffnungen können den Menschen von jedem Guten abschließen, aber die Abwesenheit von Habgier verhütet alles Übel.

4

Geduld führt zu Stärke, aber Fleischeslust führt zu Verlust.

5

Freu dich, wenn dein Los glücklich ist; doch wenn es beklagenswert ist, freu dich ebenfalls. Freude und Kummer sind die dir von Geburt an zugeteilten Zwillingssklaven; und sie müssen dir gemeinsam dienen, sonst dient keiner von beiden.

6

Im Unglück werden die Tugenden der Menschen erprobt; und ihre Freundschaft wird durch lange Abwesenheit geprüft.

7

Jener Mensch, der die bewegende Ursache der Umdrehungen des Lebens-Rades begreift, wird nie enttäuscht.

8

Die Tage enden mit dem Untergang der Sonne und die Nächte mit ihrem Aufgang. Am Ende von Freuden steht immer eine Kümmernis und am Ende des Kummers immer ein Trost.

9

Alles Geschaffene endet in Zerstörung. Der Tod ist allem, was geboren ist, gewiß. Alles in dieser Welt ist vergänglich.

10

In vielseitigem Wissen zeigt sich die Intelligenz des Menschen; und seine Reisen verraten sein Temperament.

11

Im Zustand der Armut ist die beste Tugend Hilfsbereitschaft. Und in einem Augenblick des Zornes offenbart sich eines Menschen Wahrhaftigkeit.

12

Allein durch die Wahrheit wird der Menschengeist geläutert; und durch hohe Disziplin wird er inspiriert.

13

Händeschütteln mit Trug im Herzen stößt den Menschen in die Wogen schwerer Plagen.

14

Die Furcht vor Verurteilung wird vor Unrechttun abschrecken, aber damit tändeln, führt ins Verderben.

15

Eine Handlung mag recht und gut scheinen, ihre Wirkungen sind es, die die Absicht offenbaren.

16

Intelligenz wird durch weises Urteilen erwiesen.

17

Lernen erhellt das Gemüt, und Unwissenheit macht ein Spinngewebe daraus.

18

Wer einen guten Rat annimmt, ist vor Irrtum sicher; aber wer ihn abweist, fällt in die Grube seiner eigenen Selbstgefälligkeit.

19

Durch einen treuen Freund wird der Mensch im Leben gestützt, und durch Belohnung vertiefen sich Freundschaften.

20

Wer nicht ihm zugefügtes Unrecht vergeben kann, wird erfahren müssen, wie seine guten Taten durch ihn selbst in Nichts zerfallen.

21

Wer der Menschheit kostbare Gaben widmet, macht sich in einer zukünftigen Geburt die Menschheit zu seinem Schuldner.

22

Der mißgünstige Mensch ist nie zu befriedigen – so wie er auch nie hoffen kann, Bedeutung zu gewinnen.

23

Je mehr ein Mensch sich äußerlich in Bescheidenheit einhüllt, desto besser verbirgt er seine Fehler.

24

Das beste Verhalten für einen Menschen ist, sich nicht seiner Tugenden zu rühmen.

25

Die gütigste Verhaltensweise für einen starken Menschen ist es, nicht einem Schwächeren gegenüber seine Kraft zur Schau zu stellen.

November

26

Der rechthaberische und streitsüchtige Mensch ruft Gegnerschaft hervor. Die Leute können oft ihren Ärger nicht unterdrücken, wenn sie mit Dummköpfen disputieren.

27

Wirkliche Intelligenz zeigt sich nicht durch geistreiche Worte, sondern durch weise Handlungen.

28

Von der Beredsamkeit des liebenswürdigen Redners werden alle Menschen entzückt.

29

Ein wertvoller Mensch besitzt künstlerische Gaben, aber der rücksichtslos Kühne erobert Städte. Der Erste wird geringgeschätzt, doch der Letzte bewundert.

30

Der mutige Mensch, dessen Heldentum alle Menschen bedürfen, wird niemals durch Widersacher in Trübsal gestürzt.

In Andacht vor Buddha
(Kambodschanische Kunst, 17. Jh.)

DEZEMBER

Läutet aus das Alte,
läutet ein das Neue!
Läutet frohe Glocken,
über den Schnee!
Das Jahr geht dahin,
o laßt es gehen!
Läutet aus das Falsche,
läutet ein das Wahre!

Läutet aus den Gram,
der das Herz beschwert
um jene, die wir hier
nicht mehr sehen!
Läutet aus die Fehde
von Reich und Arm!
Läutet ein den Segen
für alle Menschheit!

Tennyson

1

Die kostbarste Gabe, die dem Menschen auf Erden verliehen wurde, ist das Sehnen nach Weisheit.

2

In Wohlstand und Gesundheit hat der Mensch nie Mangel an Freunden. Wahre Freunde jedoch sind jene, die bleiben, wenn sie gebraucht werden.

3

Von allen Lebewesen auf Erden hat allein der Mensch die Fähigkeit, seelisches Leid zu verursachen.

4

Im Menschen sind drei Arten des Übels: das, was von seiner niederen Natur veranlaßt wird, das, was der Mensch dem Menschen antut, und das, was der Mensch sich selbst verursacht.

5

Ein großer Mensch ist der, der völlig gegen Schmeichelei, Eitelkeit und Unrecht gefeit ist – sowie auch gegen die Liebe für Prunk und Macht.

6

Der weise Mensch kann jene sogenannten Lebensnotwendigkeiten, mit denen andere Leute so zügellos umgehen, gleichmütig annehmen oder fallen lassen.

7

In einer Lage standhaft durchhalten und ruhige Besonnenheit in einer anderen bewahren, ist der Nachweis einer großen Seele und eine unerschütterliche Tugend.

8

Laß jede Tat mit vollkommener Würde, Menschlichkeit, Freiheit und Gerechtigkeit geschehen, und führe sie aus, als ob sie deine letzte wäre.

9

Ein Mensch kann kaum unglücklich sein, weil er die Gedanken der anderen nicht kennt. Aber um den, der sich nicht sorgfältig um das Treiben seiner eigenen kümmert, ist es gewiß traurig bestellt.

10

Laß' nicht Unglücksfälle dich bestürzen oder äußere Ereignisse deine Gedanken beschweren, sondern halte deinen Sinn ruhig und frei – um irgend etwas Gutes zu erlernen.

11

Halte alle deine Taten, Worte und Gedanken in Übereinstimmung mit deinem großen Ziel, denn du kannst in jedem Augenblick das Leben verlieren.

12

Welchen Belang hat das Sterben? Wenn Götter existieren, kannst du keinen Schaden erleiden, denn sie werden dir kein Unrecht zufügen.

13

Und wenn die Götter nicht existieren oder kein Interesse an den Sterblichen haben – nun, dann ist eine Welt ohne Götter nicht wert, daß ein Mensch eine Weile in ihr lebt.

14

Das Vorhandensein der Götter und ihre Teilnahme an menschlichen Angelegenheiten steht jenseits aller Dispute.

15

Vergeßt nie, daß das Leben sich erschöpft und daß täglich ein kleiner Teil von ihm dahinschwindet.

16

Verlaß dich nicht auf äußere Hilfen und erwarte deine Seelenruhe nicht von einem anderen. Mit einem Wort: Wirf nie deine Beine fort, um auf Krücken zu stehen.

17

Wenn du einen Menschen prüfst, der sich durch hohe Philosophie gut erzogen und geläutert hat, wirst du nichts in ihm finden, was verdorben, falsch oder anstößig wäre.

18

Das irdische Leben bewegt sich in sehr engen Grenzen; und die Menschen leben ebenfalls in einer kleinen Ecke der Welt.

19

Die armen, vergänglichen Menschen wissen wenig von sich selber, und noch weniger von denen, die vor ihrer Zeit gelebt haben.

20

Tod und Erschaffung sind beide Mysterien der Natur und gleichen einander. Ersterer löst nur jene Elemente wieder auf, welche die letztere vereinigt hat.

21

Nimm nicht an, du seiest gekränkt worden, und deine Klage hört auf. Laß von deiner Klage ab, und du bist nicht mehr verletzt.

22

Was den Menschen nicht schlechter macht, verschlimmert auch nicht sein Leben. Folglich hat er weder im Inneren noch im Äußeren Schaden zu erwarten.

23

Im gegenwärtigen Zeitpunkt ist deine Wesenheit von anderen getrennt, jedoch schon bald wirst du in das GANZE eingehen: Du wirst in jene Universale VERNUNFT zurückgeholt werden, die dir dein Leben gab.

24

Kehre nur zu den Prinzipien der Weisheit zurück; und die, welche dich jetzt für einen Esel oder ein stürmisches Tier halten, werden einen Gott aus dir machen.

25

Handle nicht so, als ob du zehntausend Jahre zu verschwenden hättest! Der Tod steht nahe bei dir. Wirke für eine gute Sache, während du lebst, und sie wird dir später zu Diensten sein.

26

Wer so besorgt über das ist, was nach seinem Tod über ihn gesprochen wird, bedenkt nicht, daß alle, die ihn kannten, ebenfalls rasch dahinsterben.

27

Wenn du dich zu sklavisch von der guten Beurteilung anderer Leute abhängig machst, wirst du deiner eigenen Natur unwürdig.

28

Alles, was wahrhaft gut ist, hat diese Eigenschaft durch sich selbst. Es wird durch seine eigene Natur vollendet und Lob und Preis sind kein Teil von ihm.

29

Schwärme nicht unruhig umher. Stehe ehrlich zu deinen Vorhaben und bleibe deinen Überzeugungen treu.

30

Wer eine denkwürdige Tat vollbringt, und auch jene, die darüber berichten – alle sind nur kurzlebige Wesen.

31

Überlaß' dich vertrauensvoll den Händen des Karma und laß' es ersinnen, welches Geschick es als recht erkennt.

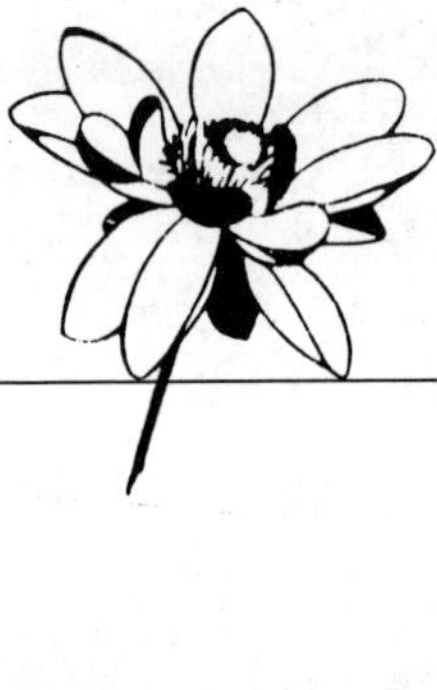

A NAME, ADRESSE	TELEFON

B NAME, ADRESSE | TELEFON

C,D NAME, ADRESSE | TELEFON

E NAME, ADRESSE | TELEFON

F,G NAME, ADRESSE	TELEFON

H NAME, ADRESSE

TELEFON

I,J NAME, ADRESSE

TELEFON

K,L NAME, ADRESSE TELEFON

M NAME, ADRESSE | TELEFON

N,O NAME, ADRESSE TELEFON

P,Q,R NAME, ADRESSE TELEFON

S,ST,SCH NAME, ADRESSE TELEFON

U,V,W NAME, ADRESSE | TELEFON

X,Y,Z NAME, ADRESSE | TELEFON

Die drei Wahrheiten

„Höre mich an, mein Bruder", sagte er. „Es gibt drei Wahrheiten, die absolut sind und niemals verloren gehen können – die aber in Schweigen versinken können, wenn sie nicht ausgesprochen werden:

1 Die Seele des Menschen ist unsterblich; und ihre Zukunft ist die eines Wesens, dessen Wachstum und Herrlichkeit keine Grenzen hat.

2 Das Ur-Prinzip, welches das Leben gibt, wohnt in uns und außer uns. Es ist unvergänglich und ewig Segen wirkend. Es kann nicht mit den Sinnen wahrgenommen werden, aber jeder Mensch erkennt es, der die Erkenntnis sucht.

3 Jeder bestimmt sein Geschick, sein Glück oder Elend. Er selbst ist der Richter seines Lebens und gibt sich selber Lohn und Strafe.

Diese Wahrheiten sind so groß wie das Leben selbst, und doch so einfach wie der schlichteste Menschengeist. Speise die Hungrigen mit ihnen!"

Die drei Wahrheiten

„Höre mich an, mein Bruder“, sagte er. „Es gibt drei Wahrheiten, die absolut sind und niemals verloren gehen können – die aber in Schweigen versinken können, wenn sie nicht ausgesprochen werden:

1. Die Seele des Menschen ist unsterblich; und ihre Zukunft ist die eines Wesens, dessen Wachstum und Herrlichkeit keine Grenzen hat.

2. Das Ur-Prinzip, welches das Leben gibt, wohnt in uns und außer uns. Es ist unvergänglich und ewig Segen wirkend. Es kann nicht mit den Sinnen wahrgenommen werden, aber jeder Mensch erkennt es, der die Erkenntnis sucht.

3. Jeder bestimmt sein Geschick, sein Glück oder Elend. Er selbst ist der Richter seines Lebens und gibt sich selber Lohn und Strafe.

Diese Wahrheiten sind so groß wie das Leben selbst, und doch so einfach wie der schlichteste Menschengeist. Speise die Hungrigen mit ihnen!“